A CAIXA DE PANDORA
Por uma educação ativa

Dados Internacionais de Catalogação na Publicação (CIP)
(Câmara Brasileira do Livro, SP, Brasil)

Tavares, Wolmer Ricardo
 A caixa de Pandora : por uma educação ativa /
Wolmer Ricardo Tavares. -- 1. ed. -- São Paulo :
Ícone, 2010. -- (Coleção conhecimento e vida /
coordenação Diamantino Fernandes Trindade)

 Bibliografia.
 ISBN 978-85-274-1088-5

 1. Ambiente escolar 2. Diferenças individuais
3. Educação 4. Educação - Aspectos sociais
5. Educação - Brasil 6. Educação - Filosofia
7. Educadores - Formação profissional 8. Pedagogia
9. Psicologia educacional I. Trindade, Diamantino
Fernandes. II. Título. III. Série.

10-01283   CDD-370

Índices para catálogo sistemático:

1. Educação   370
2. Ensino   370

Wolmer Ricardo Tavares

A CAIXA DE PANDORA
Por uma educação ativa

Coleção Conhecimento e Vida

Coordenação
Diamantino Fernandes Trindade

1ª Edição
Brasil – 2010

© Copyright 2010
Wolmer Ricardo Tavares
Direitos cedidos à Ícone Editora Ltda.

Coleção Conhecimento e Vida

Coordenação
Diamantino Fernandes Trindade

Diagramação
Richard Veiga

Revisão
Josias Aparecido Andrade
Rosa Maria Cury Cardoso

Proibida a reprodução total ou parcial desta obra, de qualquer forma ou meio eletrônico, mecânico, inclusive através de processos xerográficos, sem permissão expressa do editor (Lei nº 9.610/98).

Todos os direitos reservados pela
ÍCONE EDITORA LTDA.
Rua Anhanguera, 56 – Barra Funda
CEP 01135-000 – São Paulo – SP
Tel./Fax.: (11) 3392-7771
www.iconeeditora.com.br
e-mail: iconevendas@iconeeditora.com.br

DEDICATÓRIA

Dedico este livro ao meu pequeno príncipe Álvaro, à mulher de minha vida que me deu este presente de Deus e que sempre será o meu norte, a minha sogra pelo exemplo de caráter e por sempre acreditar em mim e a meu pai e amigo pelo exemplo de vida digna.

AGRADECIMENTOS

A Deus, causa primária de tudo e sempre, a minha amada esposa por minhas ausências e pela cumplicidade.

SUMÁRIO

Além da caixa de Pandora, 11
    Ambiente escolar, 13
    Realidade mascarada, 15
    Cidadania ativa x Desenvolvimento Socioeconômico, 18
    Síndrome de Joanesburgo e a educação, 22
    Transgredindo a tradicional função da escola, 24
    A busca do poder, 28
    Poder: produzir atitudes e saberes, 32
    Coeficiente Emocional (QE) e o desenvolvimento do ser, 34
    Os novos e velhos paradigmas da educação, 36
    Mediação pedagógica e o processo de aprendizagem, 40
    Excedendo fronteiras, 42
    O Educador e o estresse profissional, 44

O hedonismo na educação, 46
Educação e esporte, 48
O ócio mental, 50
Saber pensar, 53
Crises e conflitos: males necessários, 54
Aluno: cliente ou produto?, 56
O verdadeiro tesouro, 58
Educação: asas de Ícaro?, 60
Um galo sozinho não tece a manhã, 61
Abrindo a caixa de Pandora, 63
Considerações: um *Déjà – Vu* na educação, 64

ANEXO, 69

REFERÊNCIAS BIBLIOGRÁFICAS, 74

ALÉM DA
CAIXA DE PANDORA

Segundo (NIETZSCHE, 1993), Pandora trouxe uma caixa cheia de males e a abriu. Essa caixa foi um presente dos deuses para os homens; era um presente de fascinante aspecto que se denominava "a caixa da felicidade". Essa felicidade existia porque todos os males estavam dentro dela. Tais males eram seres vivos com asas, e quando Pandora não se conteve e abriu a caixa, todos escaparam voando. A partir daí, tais males voam ao nosso redor, nos atormentando noite e dia. De todos os males que voaram, apenas um ficou dentro da caixa, e esse era conhecido como esperança. Pandora fechou a caixa por vontade de Zeus e deixou a esperança dentro dela. A caixa da felicidade agora pertence ao homem e ele sempre pensa nas maravilhas do tesouro que pode estar contido nela, pois a caixa ainda irradia o mesmo fascínio de outrora. O homem pensa que o que se encontra no interior da caixa é a maior das felicidades, que se chama esperança. Para Nietzsche a esperança é o pior dos males, porque prolonga o tormento de todos nós, e a educação não pode se basear em uma esperança e sim em atitudes que façam prevalecer o senso crítico de nossos alunos.

Claro que não nos encontramos como os gnósticos do século II, que propunham a erudição como caminho para a salvação. Segundo (BURKE e ORNSTEIN, 1998), essa salvação se daria mediante uma erudição e autoconhecimento. Contudo, por meio de uma estratégia de corte e controle seus livros foram queimados e eles próprios, proscritos.

O ato de educar e não adestrar implica incitar pensamentos radicais, o que vai contra as ideias aplicadas no final do século XVIII por Hannah More, quando dizia não admitir a escrita para os pobres, visto que isso incitaria na formação de fanáticos e ela queria pessoas devotas e não críticas.

Hannah More, segundo (BURKE e ORNSTEIN, 1998, p. 212), acreditava que a solução para a crise do final do século XVIII era "ensinar uma submissão total à autoridade e incentivar à resignação cristã em face da privação e da adversidade". Isto, para Hannah, levaria as pessoas a uma alienação tornando-as alheias a tudo e a todos.

É sabido que a educação nos faz convergir para uma humanização e socialização, tornando-nos conscientes e críticos e nos auxiliando com nossa individualidade.

Ambiente escolar

> *"Eu tenho uma espécie de dever, de dever de sonhar, de sonhar sempre, pois sendo mais do que um espectador de mim mesmo, eu tenho que ter o melhor espetáculo que posso. E assim me construo a ouro e sedas, em salas supostas, invento palco, cenário para viver o meu sonho entre luzes brandas e músicas invisíveis." Fernando Pessoa (1888 – 1935)*

Para (CORTELLA, 2001, p. 57), o ambiente escolar será o lugar dos sonhos, compartilhamento, desejos, convivência, formação e informação, e isso tudo contribuirá para o crescimento sociocultural do indivíduo, fazendo-o viver e conviver em sociedade. Esse mesmo ponto de vista é corroborado por (TIBA, 1996), quando afirma que necessitamos, não apenas da inteligência, mas viver segundo a ética e participando ativamente das regras de convivência.

É na escola que trocamos experiências e afetos, valorizando as diferenças. É nesse ambiente, um espaço coletivo de aprendizagem, que nos constituímos como sujeitos, o que vai ao encontro das ideias de (ARANHA, 2000), quando nos diz que deverá ser introduzido nas escolas um pensamento liberal e democrático com o intuito de alcançar uma sociedade mais justa, igualitária e sem privilégios.

Para que isso ocorra, devemos nos basear em uma psicologia experimental e não associacionista, que faz as atividades mentais se agruparem como mosaicos. Para tal, é necessário que os programas sejam desenvolvidos para as pessoas e não que as pessoas se encaixem nos programas. Esses programas deverão abranger o aspecto intelectual, a formação de atitudes, o fortalecimento e desenvolvimento de disposições morais e éticas, o humanismo e também uma teoria crítica, evitando assim os métodos passivos de absorção e assimilação.

Fazendo isso, convergiremos para os métodos ativos nos quais permanecerá a construção e produção do saber e do conhecimento úteis. Esse processo deverá ser uma constante, um contínuo reorganizar, reconstruir e transformar.

Segundo (KOLB, 1997), o processo de aprendizagem vivencial tem como objetivos a aprendizagem das especificidades de um dado tema e a descoberta das forças e fraquezas como aprendiz, ou seja, aprender a aprender pela experiência, o que vai ao encontro com o saber pensar de (DEMO, 2000). Este último assinala que o saber pensar não combina com cidadania tutelada, na qual os educandos são como simples massa de manobra, ignorantes e submissos; e tampouco com cidadania assistida, na qual os educandos aceitam passivamente o assistencialismo como ideal de bem viver. As ideias do autor vêm corroborar com as de (KOLB, 1997) em relação à aprendizagem vivencial, pois por meio dessa aprendizagem conquista-se a cidadania emancipada, fazendo das pessoas cidadãos críticos que sabem o que querem, por que querem e como querem, cidadãos que fogem assim de qualquer tipo de domesticação subalterna.

Realidade mascarada

Segundo (VASCONCELOS)[1], o Brasil "possui cerca de 16 milhões de pessoas analfabetas com idade de 15 anos ou mais, e tem uma das maiores taxas entre os próprios países da América Latina", sem contar que o país tem o que chamamos de analfabetos funcionais. Segundo o autor, "temos 30 milhões de analfabetos, com 15 anos de idade ou mais, chamados de analfabetos funcionais, conceito que define as pessoas com menos de quatro anos de estudo".

---

[1] http://www.sfiec.org.br/artigos/educacao/pactoeducacaotrabalhadores.html visitado em 13/12/2006.

Para discernirmos a relevância da realidade em que nos encontramos, precisamos perceber que o analfabetismo é o total desconhecimento do alfabeto, o que acarreta na incapacidade de ler e escrever. Segundo a UNESCO, uma pessoa analfabeta está funcionalmente privada de participar de quaisquer atividades em que é requerida a alfabetização. Estatisticamente é considerado analfabeto um indivíduo que acima dos 15 anos não sabe ler ou escrever sequer um bilhete. Essa definição acarretou outros erros com repercussões sociais. Assim, algumas escolas começaram a mascarar a realidade, fazendo com que alunos passassem para séries seguintes sem sequer terem preenchido os pré-requisitos da série atual, o que originou em estudantes sem discernimento, que em vez de escreverem, desenham o que está no quadro, ficando totalmente obscurecidos, fazendo parte de uma massa amorfa e totalmente manipulável.

Infelizmente o analfabetismo é a amarga realidade dos países subdesenvolvidos, o que compromete tanto a vida do analfabeto quanto o desenvolvimento socioeconômico do país. Num país territorialmente grande como o Brasil, apenas 25% da população é alfabetizada plenamente, ou seja, os restantes 75% são analfabetos funcionais, o que caracteriza a nossa péssima qualidade de ensino, a má-remuneração dos profissionais da educação, a falta de infraestrutura das escolas e a falta de leitura do povo brasileiro em todos os níveis, pois o incentivo à leitura e à cultura ainda é escasso e cambaleante.

Os profissionais da educação, em sua maioria, não incentivam seus alunos a lerem e tampouco têm o hábito de se reciclar, não com cursos, o que oneraria suas despesas, mas com leituras que enriquecem o seu dia-a-dia, a sua cultura e o seu conhecimento.

Dados Estatísticos do Analfabetismo no Brasil – IBGE – Censo 2000		
População 15 anos ou mais – 119.533.048		
Alfabetizada	Analfabeta	Taxa de Analfabetismo
103.238.159	16.294.889	13,63 %

A taxa de 13,63% de analfabetos é um número muito elevado para um país como o Brasil, que tem muita riqueza e poucas ações com eficiência. Essa taxa está ainda mais mascarada porque se analisarmos a fundo, encontraremos uma situação ainda mais penosa, basta analisarmos as provas relacionadas à educação brasileira. Por exemplo, na prova de leitura do último SAEB[2] realizado em 2003, a média nacional dos alunos da 4ª série foi 169,4 pontos numa escala que vai até 500. Um conceito bem baixo, o que representa apenas

---
[2] SAEB – Sistema de Avaliação do Ensino Básico no Brasil.

33,88%, uma média aquém dos 50%, e a realidade das outras avaliações não é melhor.

Alunos que se encontram em séries avançadas do ensino básico ou médio encontram-se no meio do processo de domesticação através do instrucionismo. Não conseguem contextualizar sequer a realidade na qual estão inseridos e tampouco são capazes de fazer algo que desenvolva o próprio aprendizado, tornando-se parceiros de uma miséria ancorada a um falso assistencialismo, privando-os de construir suas próprias oportunidades. Para evitar tudo isso, faz-se necessário banir qualquer estudo padronizado. Segundo (DELORS, 2001), isso ocorrerá por meio do respeito às diferenças e pelas especificidades dos indivíduos. Segundo (BRANDÃO, 1993, p. 63), a educação "consiste essencialmente, na formação do homem de caráter" e tem como meta o desenvolvimento total da perfeição de que ele seja capaz.

Cidadania ativa x
Desenvolvimento Socioeconômico

O Índice de Desenvolvimento Humano (IDH) é uma medida comparativa de pobreza, alfabetização, educação, esperança de vida, natalidade e outros fatores para os diversos países do mundo[3]. O nosso ponto aqui se limitará ao fator educação. O cálculo do IDH analisa

---

[3] Informações extraídas da Wikipédia, a enciclopédia livre.

dois indicadores – a taxa de analfabetismo e o somatório das pessoas que frequentam algum curso, seja fundamental, médio ou superior, independentemente da idade – dividido pelo total de pessoas entre 7 e 22 anos da localidade.

Percebe-se que a educação é uma variável equacionada no IDH, o que compete a nós, profissionais da educação, mudarmos um pouco a realidade e fazermos com que o Brasil saia da 65ª colocação no *ranking* do IDH de 2005 (em 177 países no total), com um índice de 0,792 (médio desenvolvimento humano).

O índice varia de zero (nenhum desenvolvimento humano) até 1 (desenvolvimento humano total), sendo os países classificados deste modo: quando o IDH de um país está entre 0 e 0,499, é considerado baixo; quando está entre 0,500 e 0,799, é considerado médio e quando está entre 0,800 e 1, é considerado alto.

Uma maneira de mudarmos nossa realidade do IDH é evitar a alienação de nossos educandos, que segundo (ARANHA, 1996) acarreta uma perda da individualidade e consequentemente a consciência crítica, o que implicará segundo (GADOTTI, 2004, p. 22), na fossilização da inteligência, imaginação e criatividade. O autor nos mostra que os egípcios

> *"[...] foram os primeiros a tomar consciência da importância da arte de ensinar. Devemos a eles o uso prático das bibliotecas.*

Criaram casas de instrução onde ensinavam a leitura, a escrita, a história dos cultos, a astronomia, a música e a medicina".

Ele ainda ressalta alguns princípios de aprendizagem que poderiam nos nortear para uma educação de qualidade, cujo ponto primário seria o fato de que os seres humanos têm natural potencialidade de aprender. O aprender tem que estar ligado a uma aprendizagem significativa, e isto ocorre quando o estudante percebe que a matéria a estudar se relaciona com seus próprios objetivos.

Essa aprendizagem que envolve mudança na organização de cada um – na percepção de si mesmo – é ameaçadora e tende a suscitar reações, fugindo do assistencialismo e da massa de manobra, tornando um cidadão crítico. Ela deverá estar ligada por meio de ações, o que implicará uma aprendizagem mais significativa e facilitará ao aluno participar de maneira responsável do seu processo, fazendo com que seja mais durável e eficaz, ocasionando maior independência, criatividade e autoconfiança, por facilitar assim a autocrítica e a autoapreciação.

Para (FREIRE, 1979) essa educação deverá ser desinibidora e não restritiva, sem domesticar nossos educandos, fazendo valer a negação da educação e tomar o sujeito como um simples instrumento. Segundo o autor, a consciência crítica irá permitir ao homem transformar a realidade fazendo história com sua atividade criadora. Obviamente, nos 20 anos de ditadura, tivemos um obscurecimento na vida cultural e intelectual, o que refletiu em nosso crescimento de IDH. Apesar de o índice ter sido desenvolvido apenas em 1990 pelo economista paquistanês Mahbub ul Haq e usado a partir de 1993 pelo Programa das Nações Unidas para o Desenvolvimento em seu relatório anual, a nossa realidade hoje seria um pouco diferente.

Na ditadura em que nos encontrávamos era mais difícil exercermos nossa cidadania, visto que segundo (TOMAZI, 1997, p. 131), a cidadania é "ter direitos, é o direito de ter uma educação para saber quais são os nossos direitos e como exercitá-los". O fato é que temos que modificar nossa realidade para melhor mediante a oferta de uma educação de qualidade, o que levará a uma cidadania não tutelada.

Aumentaremos o nosso IDH, a nossa autoestima e o nosso desenvolvimento socioeconômico quando oferecermos uma educação na qual prevaleçam as ideias de (PILETTI, 2003), três fatores importantes: motivação, objetivo e preparação ou prontidão. Segundo o autor, a motivação é a base do aprendizado, pois sem ela não haverá aprendizagem; o objetivo se baseia na motivação, ou seja, qualquer pessoa motivada orienta seu comportamento para objetivos que possam satisfazer suas necessidades. O seu comportamento é intencional, orientando para um objetivo que satisfaça alguma necessidade do indivíduo. A preparação ou prontidão é que fará o indivíduo atingir o objetivo para satisfazer suas necessidades.

Cumpridas todas essas etapas, conseguiremos desenvolver no indivíduo uma personalidade de forma equilibrada, fazendo florescer o raciocínio, o equilíbrio emocional e a iniciativa de ação.

Síndrome de Joanesburgo e a educação

Essa síndrome está relacionada com o medo que os ricos têm cada vez mais dos pobres. De acordo com (MASI, 2003, p. 22), os ricos se "defendem dos pobres atacando-os, reduzindo a ajuda humanitária que lhes prestam, piorando a qualidade da instrução", e é esse último ponto que refletirá toda a nossa educação, pois são os ricos que dominam a educação brasileira e eles não têm intenção de reverter a situação. Precisamos transgredir essa ideia por meio da educação em sala de aula e aplicar as ideias de Jonh Dewey, no que incita a um conhecimento vivenciado e experimentado pelo aluno. Este sim, um conhecimento verdadeiro e útil que foge a uma educação bancária como descrito pelo educador (FREIRE 2003, p. 20). O autor nos incita a conscientizar nossos alunos. Segundo ele

"[...] conscientizar não significa, de nenhum modo, ideologizar ou propor palavras

> *de ordem. Se a conscientização abre caminho à expressão das insatisfações sociais é porque estas são componentes reais de uma situação de opressão".*

A conscientização será aplicada mediante uma educação emancipadora que utilize como apoio a filosofia desde as séries iniciais e estimule os alunos ao diálogo, fazendo com que as salas de aula se convertam em uma comunidade na qual prevaleçam a investigação, o pensar de uma maneira independentemente dos porquês, descobrindo o que é suposto e pressuposto em relação ao contexto inserido, elevando novos raciocínios e contribuindo para uma cidadania ativa, crítica e humanista. Segundo (NAVASKI, 1988, p. 15), será em sala de aula que o ensino e a aprendizagem serão processados, e este processo se dará entre alunos e professores, alunos e alunos, tudo isso através de um confronto de ideias, aprimorando assim uma melhor socialização da transmissão dos conteúdos.

Essa aprendizagem ocorrerá no momento em que os profissionais da educação entenderem o verdadeiro significado de sala de aula, conforme cita o próprio autor em sua obra, e pararem de pensar em *"jaula de aula"*, visto que é nesse último ambiente que ocorre o adestramento do ser, a transformação de indivíduos sonhadores em massa de manobra totalmente subalternos, alienados e amorfos.

Quando virmos a aprendizagem como um processo ativo, conforme destaca (OLIVEIRA, 2001)[4], a pessoa só conquistará sua autonomia quando for capaz de recriar o conhecimento, pois aprender está além da reprodução, transmissão ou cópia de dados ou informação.

Transgredindo a tradicional função da escola

As escolas passam para seus alunos um conhecimento institucionalizado, ou seja, um conhecimento que passou pelo crivo de políticos interesseiros e que agora será repassado para o aluno. Esta atitude faz do aluno um ser apático à realidade, uma vez que aprende a ser submisso e é incentivado à resignação com a realidade brasileira, excluído de oportunidades, do direito de mudanças comportamentais. Esta situação implica uma não mudança de atitudes.

Para (PONCE, 2005, p. 185), a escola é "uma simples engrenagem dentro do sistema geral de exploração, e o corpo de mestres e de professores continuará sendo um regimento que, como os outros, defende os interesses do Estado".

Infelizmente alguns profissionais da educação vêm colaborando com essa realidade, pois, como "for-

---

[4] OLIVEIRA, José Carlos. *Saber pensar e aprender.* Extraído do livro de Tomelin, **Educação: Gestão do conhecimento e da aprendizagem**.

madores de opinião", calam-se perante as atrocidades contra o povo e principalmente contra a sua própria classe. Eles deixam de ser um vetor resultante abrindo mão do sonho de chegar a uma situação de bem-estar. Isso ocorre através de uma individualidade que na maioria das vezes entra em choque com o que pregam para seus alunos. Tais profissionais da educação vivem apenas suas disciplinas, seu mundo, não convivem com outros mundos, outras realidades, outras disciplinas; não aplicam assim um currículo integrado que seja a base para um crescimento do aluno como cidadão e para o crescimento da comunidade em si.

Tal currículo integrado trabalhará com o conceito transdisciplinar e um conhecimento aplicável à realidade de cada comunidade escolar. Um dos objetivos desse currículo, segundo (HERNANDEZ, 1998), é favorecer a comunicação e integração entre os profissionais da educação, repercutindo positivamente na melhoria da qualidade do ensino.

Podemos, nesse currículo integrado, ouvir as necessidades de nossos alunos, pois segundo (HUNTER, 2004, p. 53), a necessidade "é uma legítima exigência física ou psicológica para o bem-estar do ser humano", e o simples ato de ouvir atentamente as pessoas pode ser uma experiência gratificante. A isso o autor denomina de efeito *Hawhorne* e esclarece que o aumento da produtividade está diretamente relacionado com a atenção às pessoas.

Para que isso ocorra, uma reavaliação do currículo escolar se faz necessária. Com isso ele deixará de subjugar o aluno e passará a ser um libertador, emancipador e crítico. Levará o aluno a uma cidadania ativa e humanista, pois de acordo com (MENDONÇA FILHO, 1998, p. 94)[5], o saber deixou de ser uma conquista e passou a ser uma aquisição, deixando de existir criação e sim adequação. Isso implica que ao aluno pergunte somente aquilo que o professor já detém como resposta.

Com a avaliação do currículo abre-se espaço para que o mestre ensine com perguntas ou até mesmo instaure uma relação dialógica aberta para troca de ideias sem imposição de forma arbitrária pelo professor.

Nesse currículo deve-se também observar o referencial de perfil do aluno que a escola propõe, e nessa proposta, baseada nas sugestões de Delors e corroborado por diversos autores, dentre eles (HENGEMÜHLE, 2004, p. 44) que propõe um referencial como:

Aprender a ser
Nesse aspecto deve-se trabalhar a afetividade, valores éticos e morais, responsabilidades, persistência, equilíbrio emocional, pensamento autônomo crítico, dentre outras similitudes.

---

[5] João Batista Mendonça Filho. *Eninar: Do mal entendido ao inesperado da transmissão*. Extraído do livro LOPES, Eliana Marta Teixeira (org.) A psicanálise escuta a educação.

Aprender a fazer

Aqui trabalhará a elaboração dos conceitos, contextualização, criatividade e possíveis soluções de problemas, empreendedorismo, liderança e iniciativa.

Aprender a conhecer

Nesse item será trabalhado o incentivo à pesquisa, pois segundo (FREIRE, 1996, p. 29), "não há ensino sem pesquisa e pesquisa sem ensino". Através da pesquisa, conseguiremos desenvolver no aluno uma capacidade de interpretação, contextualização e consequentemente de argumentação, desenvolvendo uma criticidade e integrando-o melhor com a teoria, prática e recursos tecnológicos.

Aprender a conviver

Nesse último item será trabalhado o lado coletivo, fazendo com que os alunos se respeitem e aprendam com as diferenças culturais, sociais e religiosas. Desenvolve-se também o autoconhecimento, fazendo com que tais alunos desenvolvam uma autocrítica, dando embasamento para lidar com tensões entre pessoas e grupos.

É ressaltado por (HENGEMÜHLE, 2004) que as similitudes são encaixadas em todas as etapas do referencial.

A busca do poder

A busca do poder sempre foi o motivo de várias guerras e consequentemente de várias mortes. Este é o poder que liberta um povo e ao mesmo tempo escraviza, humilha e sobrepõe toda uma cultura.

Nietzsche e Foucault tinham sua visão sobre o poder. Sabiam que o homem confunde o poder com absolutismo; esse poder constrói o saber, faz com que o saber seja crítico e dá ao homem uma visão emancipadora não se deixando alienar, por vezes, porém, proporcionando a alienação dos outros.

Filósofos, Nietzsche e Foucault tiveram uma visão real do que o poder poderia fazer de bom ou de mal para as pessoas. Tentaram modificar a sociedade com seus conceitos, valores e instruções.

Nietzsche tinha uma visão diferenciada de poder. Critica a Igreja Católica pelo fato de esta instituição ter tanto poder sobre seus seguidores, aqueles que seguem suas "leis" sem ser questionados. Nietzsche foi chamado de "anticristo" em razão de sua luta para esclarecer as pessoas que se deixavam envolver pela religião de forma alienada. Ela perpetuaria a intolerância e o conformismo, o que seria repugnante.

Segundo Nietzsche, a vida e a dignidade do homem eram opostas a tudo que é velho, habitual, normativo ou dogmático e contrário à dignidade do homem. É a chamada "mentalidade escrava". Para que uma pessoa tivesse que viver, eles teriam que perpassar o conformismo, o dogmatismo, a superstição e o medo.

Nietzsche diz que os escravos são seres fracos e se deixam escravizar. Ele afirma que o melhor momento a se viver seria o agora, o mundo seria onde nos encontramos e não o que é imposto pela Igreja. Para o filósofo, a Igreja usou bem da psicologia do ressentimento, causando assim uma inversão de valores. Ora, aquilo que nós acreditamos ser bom, a Igreja fala que é mal. O "débil", "humilde", "medíocre" são vistos como "bom"; "nobreza", "honra", "valor" são qualidades vistas como "mal". É sabido que é mais fácil governar culpados da moral do que homens livres, o que a Igreja soube fazer muito bem.

Nietzsche, desde a sua juventude, era considerado um homem fascinado pela elite. Na contemporaneidade, percebemos que a elite continua dominando o mundo. Podem-se ver nos países mais ricos a influência que eles exercem sobre o chamado Terceiro Mundo. Mesmo no Terceiro Mundo quem manda são suas elites, que por incrível que pareça, são uma minoria. O filósofo afirma que o homem é criador de seus valores. O homem interpreta e dá um sentido humano às coisas e o resultado é o mundo articulado. A verdade e a mentira seriam relativas, válidas para o ponto de vista humano, pois o que é verdade para uns, é inverdade para outros. Para ele o saber é uma força.

As ideias de Nietzsche influenciaram o mundo de Foucault. Foucault dizia "Não me pergunte quem sou e não me diga para permanecer o mesmo". Ele era um grande estudante de Nietzsche. Sua obra foi nitidamente influenciada pela leitura interpretativa de Nietzsche. Segundo Foucault o poder produz saber e o saber da sustentação para o poder.

Segundo (DELEUZE, 1986, p. 38), "o poder produz realidade, antes de reprimir. E também produz verdade, antes de ideologizar, antes de abstrair ou de mascarar".

> *"Se o poder fosse somente repressivo, se não fizesse outra coisa a não ser dizer não você acredita que seria obedecido? O que faz com que o poder se mantenha e que seja aceito é simplesmente que ele não pesa só com uma força que diz não, mas que de fato ele permeia, produz coisas, induz ao prazer, forma saber, produz discurso. Deve considerá-lo como uma rede produtiva que atravessa todo o corpo social muito mais do que uma instância negativa que tem por função reprimir." (FOUCAULT, 1979, p. 8)*

O que é corroborado por Deleuze quando nos diz que

> *"[...] o poder não é essencialmente repressivo (já que "incita, suscita, produz"); ele*

> *exerce antes de se possuir (já que só se possui sob uma forma determinável – classe e determinado – Estado); passa pelos dominados tanto quanto pelos dominantes (já que passa por todas as forças em relação). Um profundo nietzscheísmo. (DELEUZE, 1986, p. 79)*

O poder sempre nos acompanhou, desde nossos antepassados. Só que teve vários nomes ligados a ele. Para (FOUCAULT, 1979, p. 8), "o poder no socialismo soviético era chamado por seus adversários de totalitarismo; no capitalismo ocidental, era denunciado pelos marxistas como dominação de classe; mas a mecânica do poder nunca era analisada". Como é mostrado, podemos fazer uma analogia com a Idade Média, quando o poder era a Igreja, e em outras épocas, com o poder passando de um povo para outro.

Para (DELEUZE, 1986, p. 38), o poder investe (os dominados), passa por eles e através deles, apóia-se neles, do mesmo modo que eles, em sua luta contra esse poder, apóiam-se por sua vez nos pontos em que ele os afeta. Em suma, para Foucault, a essência do homem é o poder que irá gerar o saber, sendo que poder é fazer com que os outros façam o que você quer. Não existe um progresso da razão; há, na verdade, um progresso do poder, e com esta afirmação Foucault teve a intenção de romper o mundo realista.

Poder: produzir atitudes e saberes

Nietzsche e Foucault, dois personagens célebres que nos fizeram ser mais críticos, nos deram o discernimento para que pudéssemos caminhar procurando uma verdade com a bússola do poder, pois o poder produz verdade e precisamos descobrir como exercer tal poder. O poder irá gerar um conhecimento e este conhecimento não transcende. Somos criadores de seus valores. Interpretamos e damos um sentido humano às coisas e com isso vivemos em um mundo articulado.

O poder é algo não material que age sobre a matéria. É microfísico, está nas instâncias políticas, se espalha por toda a sociedade. Ele produz um saber, e este saber produz mais poder. O saber é formativo e não informativo. Eles construíram uma história que se converge para o poder e o saber. Para Nietzsche o povo tinha vontade de poder, e para Foucault o povo tinha vontade de saber. Assim, ambas as teorias convergem para a mesma situação, ou seja: o poder leva ao saber, e o saber leva ao poder, pois não existe poder por si e sim relação de poder.

Para Foucault, o que podemos entender como disciplina não é aplicado apenas em presídios, mas também nas escolas, asilos, orfanatos, exércitos etc., e é fruto de uma sociedade moderna. No presídio, o detento tem o seu espaço determinado; e o mesmo ocorre com o discente, que tem como espaço a sua carteira e o seu tempo é todo programado e vigiado pelos professores dentre outros profissionais como diretores, supervisores, auxiliares etc.

O controle do tempo é a principal característica das instituições modernas e auxilia na disciplina que se resume em uma normalização de comportamento, inibindo qualquer pensamento inovador, o que o faz ser entendido como pensamento transgressor às normas ditadas por um corte controle.

A educação deverá romper esse controle fazendo com que os professores não ajam como policiais e sim como mestres e como amigos do saber. Esses professores auxiliarão seus alunos a se verem como seres pensantes e críticos, fazendo com que consigam um crescimento intelectual, humano, social e moral, deixando de ser apenas um ser no mundo, segundo (FREIRE, 1996, p. 20), fazendo com que se tornem uma "presença no mundo, com o mundo e com os outros", uma presença "que se pensa a si mesma, que se sabe presença, que intervém, que transforma, que fala do que faz, mas também do que sonha, que constata, compara, avalia, valora, que decide, que rompe". É esse poder que irá trazer o progresso, a ética, o amor ao próximo, a cidadania e fará "emergir como ator participativo, emancipado" (DEMO, 2000, p. 47). Desenvolvendo o coeficiente emocional do docente, segundo (COLEMAN, 1995), um coeficiente emocional alto garante ao ser boas promoções e o coeficiente de inteligência alto auxilia apenas em um bom emprego.

Coeficiente Emocional (QE) e o desenvolvimento do ser

(COLEMAN, 1995) constatou em uma entrevista que ao pintar uma obra os artistas não se põem a imaginar se aquela obra fará sucesso entre os críticos ou será vendida por um bom preço, pois se começar a pensar dessa maneira, tal obra não será criada. Eles devem simplesmente entrar em uma imersão obstinada para fazer suas realizações criativas. O mesmo deverá acontecer quando um professor ensina seu aluno. Ele não deve mostrar a importância em se tirar a melhor nota, e sim em auxiliar o aluno a criar, a se desenvolver e resolver as situações propostas.

Para isso, precisa-se inserir o que o autor chama de currículo da ciência do *Eu*. Nesse currículo não se pode abrir mão de alguns componentes como:

Autoconsciência – Este item está no ato de observar a si mesmo e saber exatamente o que está sentindo, formando um vocabulário para nomear os sentimentos e saber a relação entre pensamentos, sentimentos e reações.

Tomar decisões – Este item está relacionado com uma análise das ações e suas reais consequências. Isso implica perceber se uma decisão está sendo tomada pela razão ou pela emoção.

Lidar com sentimentos – Consta neste item uma conversa consigo mesmo tentando compreender o que está por trás de alguns sentimentos, encontrando meios de lidar com o medo, a ansiedade, a raiva e a tristeza.

Lidar com a tensão – Cabem aqui métodos para relaxamento, de maneira a fugir ao estresse e um maior desgaste tanto físico quanto psicológico.

Empatia – Essa parte nos possibilita uma melhor compreensão dos sentimentos e preocupações dos outros sob suas perspectivas, reconhecendo as diferenças e como elas se sentem em relação às coisas.

Comunicação com o outro – Esta parte consiste no ato de ser um bom ouvinte, falar efetivamente de sentimentos, distinguir o que é falado ou feito por alguém, suas reações ou julgamento a respeito. Nesse tópico você envia a mensagem do *"Eu"* em vez de culpar.

Autorrevelação – Reconhecer as fraquezas e constituir um relacionamento.

Intuição – Identificar padrões em sua vida e reações emocionais e observar quais são os padrões semelhantes nos outros.

Autoaceitação – Todos nós temos problemas e cabe aqui nos aceitarmos como somos, enxergando sob uma luz positiva, reconhecendo nossas forças e fraquezas e rindo de nós mesmos.

Responsabilidade social – Assumir responsabilidades pelos nossos atos, reconhecendo as consequências de nossas decisões e ações. A responsabilidade deve nos induzir até o fim do compromisso.

Assertividade – Declarar suas preocupações e sentimentos sem raiva nem passividade.

Dinâmica de grupo – Discernir a hora de liderar e a hora de ser liderado e.

Solução de conflitos – Jogar limpo com os outros e aprender a negociar sob o prisma de um modelo ganha/ganha.

Com a introdução do coeficiente emocional nos currículos, conseguiremos tornar nossos alunos mais responsáveis, assertivos, populares e abertos; mais pró-sociais e ativos, mais compreensivos perante os outros, mais interessados, atenciosos, harmoniosos, democráticos e com mais e melhores aptidões para solucionar problemas, pois muitos projetos pedagógicos segundo (HENGEMÜHLE, 2004) não são bem planejados, são apenas para fazer cumprir certas tarefas, o que implica uma prática leviana e inconsequente baseada em achismos.

Os novos e velhos paradigmas da educação

Conforme (CECÍLIA, 1997), no novo paradigma uma das práticas mais importantes é a do conhecimento construído, buscado pelo grupo, partilhado. A criatividade passa a ser o ponto alto, num momento em que novos caminhos de aprendizagem podem ser valorizados e não tendem mais a obedecer a um único padrão de estudo. À medida que o saber é construído, ocorre a partilha dos conteúdos e das experiências. Isso legitima o conhecimento, pois expõe críticas, divergências, enriquecendo a pesquisa de todos. Ela faz um comparativo entre o velho e o novo paradigma.

Para a autora, o professor deixa de ser leitor (do latim *leccio,* lecionar) e passa a ser orientador de estudo, ou seja, ela estimula o aluno a pesquisar e a querer saber mais.

O aluno deixa de ser um receptor passivo e passa a ser um agente de aprendizagem. Torna-se, assim, um estudioso autônomo capaz de contextualizar, formar conceitos, opiniões e se responsabilizar pelo próprio crescimento e não mais permanece em busca do que acredita ser o que o professor quer que pense, saiba ou escreva.

Nessas comparações entre o novo e velho paradigma, as salas de aula passam a ser um ambiente em que prevalece a cooperação, a construção e o compartilhamento do conhecimento, em que o aluno convive com as diferenças e aprende a respeitar o próximo, fazendo com que o velho paradigma seja apenas um ambiente de escuta e recepção, um fato isolado em nossa história.

Para (CECÍLIA, 1997), a experiência deixa de existir em mão única, ou seja, professor x aluno, e passa por todas as direções, professor x aluno, aluno x aluno, aluno x professor etc. Isso fará com que o aluno não aprenda apenas o que o professor sabe, mas que abra um horizonte de oportunidades de nossos conhecimentos.

Com o novo paradigma o aluno deixará de aprender por obrigação e passará a aprender e estudar porque terá motivos, isto é, ele terá prazer pela busca de respostas para as suas mais recentes dúvidas e ansiedades.

Para que isso ocorra, os conteúdos curriculares não poderão ser rígidos, mas flexíveis e abertos a novas ideias. As novas tecnologias devem estar inseridas no contexto e devem ser um instrumento a serviço do homem que deverá utilizá-la para estimular mais e melhor o ensino-aprendizagem.

A tecnologia irá conectar as escolas com o mundo e fará com que os alunos partilhem experiências com alunos de outras escolas em outras cidades e até mesmo de outros países. Com este recurso os alunos poderão expandir de certa maneira, os horizontes por meio de fóruns, debates, trocas de conhecimento, culturas diferentes, isso tudo através de uma navegação sem fronteiras.

Com o novo paradigma, o professor descobrirá uma maneira prazerosa de ensinar, de dar significado à aprendizagem, integrando e contextualizando conceitos. Assim o conhecimento passa a ser construído, e a escola deixa de ser bancária, onde o aluno é um ser passivo no qual se deposita as informações. O ensino deixa de ser centrado no professor, que fala e passa a dirigir-se para o aluno que necessita interagir com o mundo à sua volta.

Segundo (FREIRE, 1996), os professores têm que estar preparados para aprender, não apenas para se adaptar, mas sobretudo para transformar a realidade, para nela intervir, recriando a fala da nossa educabilidade a um nível distinto do nível do adestramento.

Ao se usar a tecnologia na educação baseada no novo paradigma – porque no velho ela sempre foi vista como ameaçadora – é indispensável que não se esvazie a erudição, pois a sua ausência é um dos grandes problemas nas universidades. Somente o homem erudito é perceptivo e dotado de visão, é o que tem uma mente investigadora, atenta e pró-ativa; é o expoente e representante verdadeiro da humanidade, o próprio alicerce de todo o desenvolvimento individual e nacional.

A erudição traz a curiosidade. Segundo (FREIRE, 1996), "sem a curiosidade que me move, que me inquieta, que me insere na busca, não aprendo nem ensino". A produção e a construção do conhecimento do objeto implicam o exercício da curiosidade. Este exercício convoca a imaginação, a intuição, as emoções e as capacidades de conjecturar e comparar na busca do estabelecimento de um perfil do objeto ou do achado da razão de ser.

Mediação pedagógica e o processo de aprendizagem

Segundo (MASSETO, 2001), a mediação pedagógica é "a atitude, o comportamento do professor que se coloca como um facilitador, incentivador ou motivador da aprendizagem, que se apresenta com a disposição de ser uma ponte entre o aprendiz e sua aprendizagem, não uma ponte estática, mas uma ponte 'rolante', que ativamente colabora para que o aprendiz chegue aos seus objetivos". Podemos acrescentar também que é uma forma de apresentar e tratar o conteúdo ou tema que ajuda o aluno a coletar informações, organizá-las, discuti-las, manipulá-las e debatê-las com seus colegas, com o professor e com outras pessoas, até chegar a produzir um mundo intelectual e vivencial, e que o ajude a compreender sua realidade humana, social e mesmo a interferir nela.

Educar significa colaborar para que professores e alunos transformem suas vidas em processos de aprendizagem. É ajudar os alunos na construção da sua identidade, do seu caminho pessoal e profissional, do seu projeto de vida, no desenvolvimento das habilidades de compreensão, emoção e comunicação; educar é fazer com que o indivíduo encontre seus espaços pessoais, sociais e profissionais e possa exercer cada vez mais sua cidadania, com seus direitos e deveres, sem se tornar vítima das desigualdades sociais e encontre seus espaços e torne-os mais produtivos.

Em uma visão construtivista, os alunos constroem ativamente o conhecimento à medida que entendem suas experiências. A aprendizagem construtivista é ativa, centrada no aluno e tende a ser orientada por projeto. As teorias colocam a tecnologia nas mãos dos aprendizes para ajudar no desenvolvimento de suas habilidades cognitivas de ordem superior e falam do poder da tecnologia para acessar, armazenar, manipular e analisar informações, permitindo assim que gastem mais tempo refletindo e compreendendo. Hoje, mais do que nunca, necessitamos de professores capazes e dispostos a tornarem-se aprendizes, que acompanhem seus alunos.

Professores não podem ter medo de reconhecer suas fraquezas, mas trilhar junto com seus alunos a busca do conhecimento. Os professores precisam saber como utilizar a tecnologia, processar, gerenciar as informações, a fim de procurar relacionamentos, tendências, anormalidades e detalhes que podem não só responder perguntas, mas também gerar novas perguntas.

O aprendiz é quem irá desenvolver o seu processo de aprendizagem, mas este não é somente individual, e sim, social, o que leva a reforçar a relevância da figura do professor como mediador, para que ocorra a aprendizagem. O professor continuará a ensinar e a aprender pela palavra, gesto, emoção, afetividade, textos lidos e escritos e pela televisão, mas agora terá a informação em tempo real, possível pelos recursos da informática.

Para (FREIRE, 1996), em uma das instâncias, o ensinamento não está na transferência de conhecimento, o professor criará as possibilidades para a sua própria produção ou para a sua construção junto de seus alunos.

Excedendo fronteiras

Além das diferenças sociais que vivemos, precisamos romper os paradigmas ligados à área da tecnologia, ou seja, a cultura humanística e a cultura técnico-científica.

A cultura humanística quase sempre é preterida da vida cotidiana, dos meios de comunicação, dos eventos de massa; e a cultura técnico-científica quase sempre é apresentada como algo que prescinde da reflexão filosófica.

Precisamos perceber a integração de ciência e tecnologia com cultura, isso harmoniosamente, discutindo as consequências políticas e sociais da tecnologia nas vidas humanas. Para isso, faz-se necessário perceber que todas as atividades técnicas são essencialmente humanas, pois são realizadas por homens que imprimem seus sentimentos, emoções, ideias próprias, visão e percepção do mundo que os rodeia.

A informática não é apenas uma forma de facilitar a vida das pessoas, ela precisa ser vista como algo mais humanista, como uma disciplina, como filosofia da tecnologia ou sociologia da tecnologia. Essas disciplinas visam superar a dicotomia entre a cultura humanística e a cultura técnico-científica, além de apresentar aos estudantes uma série de problemas que requer um entendimento pluridisciplinar que leva o aluno a ser um ser mais crítico e o faz repensar a tecnologia. Assim, ele estará aberto a debates em torno da ciência e do papel determinante da economia, da distribuição do poder, da religião e da cultura nas sociedades atuais. O lado filosófico disso tudo é que o conhecimento tecnológico fará com que os seres humanos mudem suas relações com o mundo atual e o processo cognitivo.

Segundo (SETZER, 2000), o professor estrutura uma proposta tecnologicamente avançada, pois a construção da autonomia da aprendizagem do aluno também se faz nessa relação, quando o aluno aprende sobre o seu aprender.

A tecnologia possui uma ação positiva para a capacidade de cognição do aluno, provocando um rompimento da relação vertical entre professor x aluno, na qual o aprendizado passa a ser uma experiência mais cooperativa. Com o advento da tecnologia, o professor é convidado a deixar de ser um especialista e torna-se um facilitador; o aluno deixa de ser um receptor passivo e passa a ser um colaborador ativo. A ênfase educacional deixa de ser dada pela memorização de fatos e passa a ser por meio de pensamentos críticos; a avaliação deixa de ser embasada nas informações que o aluno reteve e passa a ser mediante sua interpretação dos fatos; o método de ensino passa a ser por interação e não por repetição; e o acesso ao conteúdo, que era limitado, passa a ser sem fronteiras.

Nas palavras de Paulo Freire "ninguém educa ninguém, ninguém é educado por ninguém, os homens se educam juntos, em comunhão".

O Educador e o estresse profissional

Nós, educadores, nunca estaremos livres do estresse causado pelas pressões externas e internas às escolas. "A Síndrome de Burnout é uma resposta ao estresse ocupacional crônico e caracterizada pela desmotivação ou desinteresse, mal-estar interno ou insatisfação ocupacional que parece afetar, em maior ou menor grau, alguma categoria ou grupo profissional."

Uma escola cuja equipe docente trabalha de maneira pró-ativa na construção e disseminação do conhecimento para todos os integrantes da equipe, evitando uma desmotivação causada pela repetição das atividades, colabora para a pouca ocorrência da síndrome de Burnout. Esta síndrome ocorria no método de Taylor e Ford e resultava quadros de apatia extrema e desinteresse, exaustão física e emocional, sensações por meio das quais a pessoa sente que não pode mais dar nada de si mesma, o que trazia consequências sérias para a organização e para o próprio funcionário.

Hoje, essa forma de estresse não ocorre apenas com pessoas que trabalham em linhas de produção ou executam trabalhos manuais repetitivos; segundo pesquisa realizada pelo laboratório de psicologia do trabalho da Universidade de Brasília (UnB) em parceria com a Confederação Nacional dos Trabalhadores em Educação (CNTE)[6], 48% dos trabalhadores da educação no país sofrem de algum sintoma da doença, e 25% dos professores apresentam o quadro completo da síndrome, que vai da irritação, raiva, insônia, úlceras, dores de cabeça, depressão além de outros problemas que irão surgir afetando assim a qualidade de vida.

A síndrome ocorre de maneira mais acelerada em virtude da má-remuneração da classe; da carga excessiva de horas-aula para compensar; em razão da política educacional, cada vez mais negligente; pela falta de plano de carreira; por causa das atividades extraclasse; pela falta de autonomia na resolução de outros problemas que ocorrem não apenas com a classe de educadores, mas também com todos os

---

[6] Extraído do **Dicionário de Filosofia**. São Paulo: Editora Mestre Jou. 1960.

profissionais brasileiros em consequência da atual situação de nosso país.

Felizmente esse é um quadro que dá para reverter, pois segundo Geraldo Pimenta, médico do trabalho do SINPRO-MG, até 1985 não havia registro no INSS de doenças mentais relacionadas ao trabalhador, não que a classe em épocas passadas estivesse totalmente satisfeita, mas esses profissionais eram mais valorizados.

O hedonismo na educação

Nós, seres humanos, sempre procuramos buscar um prazer imediato nas coisas, evitando o que seja desagradável em nossa vida. O *hedonismo* vem do grego *hēdonē* "prazer" e surgiu na época pós-socrática. Em nossa contemporaneidade recebe uma concepção ainda maior, entendida como felicidade para o maior número de pessoas.

Muitos dos profissionais da educação, em vez de encontrar prazer na atividade que exercem, encontram a anedonia, uma perda de capacidade de sentir prazer em trabalhar, em lecionar, em se entregar de corpo e alma à formação de um novo homem, o que tem colaborado com a síndrome de Burnout.

Procuramos prazer em todas as nossas atividades, e a docência tem quer ser prazerosa para o profissional, existe uma permuta de conhecimento e cultura entre professor x aluno e aluno x professor.

Vale ressaltar que o hedonismo se diferencia do utilitarismo[7], pois ele não se baseia no prazer individual e sim no prazer coletivo, ou seja, um prazer único de servir à sociedade. E a docência nada mais é do que servir a uma sociedade, preparando o aluno para ser um cidadão com autonomia e responsabilidade por seus atos.

Para (MARCUSE, 1997, p. 169) o "hedonismo aceita as necessidades e interesses dos indivíduos como algo simplesmente dado e valioso em si. Nessas necessidades e interesses (e não em sua satisfação) se esconde já a mutilação, a repressão e a inverdade com que os homens crescem na sociedade de classes", e isso se aplica principalmente aos profissionais da educação.

Temos de fazer dos nossos dias de trabalho um *Carpe Diem*[8], isto é, temos que aproveitar os momentos que estamos lecionando para aprendermos com as experiências de nossos alunos e fazer com que aprendam o máximo conosco e com seus amigos de classe.

---

[7] Para maiores informações, veja **Dicionário de Filosofia**. São Paulo: Editora Mestre Jou. 1960

[8] **Carpe Diem** (em Latim) significa *"colha o dia"* ou *"aproveite o momento"*. Essa regra de vida pode ser encontrada em *Odes* (I, 11.8) do poeta romano Horácio (65 – 8 a.C.), onde se lê: *Carpe diem quam minimum credula postero* (colha o dia, confia o mínimo no amanhã).

Educação e esporte

O esporte nas escolas está voltando a ter um valor de relevância para os alunos. Está voltando porque muitos dos professores, sem qualificação para ser professor de educação física, tiveram que completar sua carga horária, que foi reduzida por causa da diminuição de algumas horas ou disciplinas como artes, religião, música etc. Então como esses professores necessitavam continuar com a mesma carga horária, as escolas resolveram oferecer a disciplina de educação física para tais profissionais. Isso implicou um desastre sem precedentes, pois muitos desses profissionais ficaram na inércia e se acharam no direito de dar uma bola de futebol ou de vôlei e deixar que seus alunos se divertissem, o que para eles era a educação física.

Muitas escolas, a maioria delas estaduais, tinham seus professores de educação física sentados vendo seus alunos jogarem, e os que não se propunham a suar e depois entrar nas salas de aula, a professora deixava que formassem grupos para discussão de qualquer tipo de assunto, menos assuntos voltados para a educação do ser.

Mediante um forte movimento dos profissionais de educação física, alguns professores que não eram qualificados procuraram oferecer uma aula com maior dedicação, responsabilidade e qualidade para seus alunos. Isso fez com que os profissionais se especializassem, ou com cursos técnicos feitos mediante convênio com universidades, ou até mesmo com graduações em educação física.

Esse movimento veio a sanar um enorme problema, pois pela prática dos esportes nas escolas, os alunos aprenderam regras, disciplinas, a trabalhar coletivamente pensando e agindo em equipe.

O esporte tem aberto portas e tirado pessoas das ruas. Essa atividade tem sido um fator essencial para afastar os alunos das drogas e do sedentarismo, pois tendo que praticar educação física, os alunos melhoram sua qualidade de vida e sua autoestima, além de promover a sua saúde.

Isso é muito corroborado por (BRACHT *apud* RANGEL-BETTI, 1997, p. 39), quando nos diz que "o movimento que a criança realiza num jogo tem repercussões sobre várias dimensões do seu comportamento". Desta maneira, poderemos através do esporte, trabalhar virtudes alcançando objetivos positivos para o aluno e para a sociedade.

O documento de educação física traz uma proposta que procura democratizar, humanizar e diversificar a prática pedagógica da área, buscando ampliar, de uma visão apenas biológica, para um trabalho que incorpore as dimensões afetivas, cognitivas e socioculturais dos alunos. Incorpora, de forma organizada, as principais questões que o professor deve considerar no desenvolvimento de seu trabalho, subsidiando as discussões, os planejamentos e as avaliações da prática da educação física nas escolas[9].

O ócio mental

Conhecido como um dos males do século em nossa contemporaneidade, o ócio mental ocorre pelo fato de fazermos uso do grande avanço da tecnologia, o que nos permite buscar informação com qualidade e rapidez, sem ter o trabalho de pesquisar e pensar. Muitas vezes, os temas a serem estudados pelos alunos encontram-se prontos na internet, o que faz com que muitos dos alunos, em sua maioria, tenham apenas o trabalho de imprimir e entregar o que lhe foi pedido para ser pesquisado, sem sequer contextualizar o tema. Uma tese sobre qualquer disciplina pode ser encontrada pronta na rede a preços acessíveis a qualquer estudante. Segundo Merconi e Sampaio[10] "bem usada a informática pode ajudar no aprendizado tradicional".

Infelizmente, muitos dos professores têm dificuldade para utilizar a tecnologia, hoje disponível, para enriquecer e consequentemente melhorar a qualidade de suas aulas, como apresentação de figuras, preparação de textos mais atualizados e até mesmo provas. Em razão dessa dificuldade muitos não abrem mão dos

---

[9] Extraído do **Parâmetros Curriculares Nacionais** – Educação Física.
[10] Informação extraída do site: http://www.terra.com.br/istoe/digital/educacao.htm

jurássicos mimeógrafos, o que resulta em um grande e desnecessário trabalho para o professor e apresenta impressões péssimas e até mesmo indecifráveis.

Nestas dificuldades percebidas na educação estão inseridas a parte do conhecimento, isto é, o despreparo dos professores em relação ao uso eficiente da tecnologia, a falta de motivação do professor e a necessidade de equipamentos para uso nas escolas. Dentre outros problemas, estes têm deixado a desejar em relação aos alunos que gostam de explorar o novo e aprender a navegar usando *links* dispostos em bibliotecas virtuais ou até mesmo em *sites* de busca.

Com os recursos disponíveis na internet, os alunos só têm que digitar o endereço de um *site* de busca ou outro qualquer que tenha a mesma função, digitar o tema a ser "pesquisado", baixar, imprimir e entregar um trabalho já pronto, na maioria das vezes, totalmente plagiado, sem ao menos ter sido contextualizado. Os professores, por uma ociosidade mental, evitam fazer com que seus alunos discorram até mesmo através de um debate sobre o tema pesquisado.

O interessante não é entrar no mérito do porquê o professor ficou acomodado, mas de citar que apesar de ser uma tecnologia atual, esse problema tem sido levantado desde 1973 por Kelly em sua obra *Escola Nova para um tempo novo*. (KELLY, 1973, p. 177) mostra que "o homem deixa-se levar. Usa, entre várias soluções, da opção que ainda lhe assiste, – em tantas circunstâncias nem chega a refletir sobre o que está realizando". E isso é justamente o que tem ocorrido com nossos alunos. Eles não têm refletido sobre o que "baixam" da internet e o que entregam ao professor.

Faz-se necessário que o governo obrigue os professores a fazerem cursos de informática, para que os mesmos possam enriquecer ainda mais suas aulas, de maneira a oferecer sempre um conteúdo atualizado e que leve o aluno a uma criticidade mais ativa e consequentemente um aprendizado mais completo, e para isso, é de suma importância fazer com que os profissionais da educação se livrem do ócio mental por meio da pesquisa, da boa leitura, da discussão de temas interessantes, e evitar de uma vez por todas o orgulho, este sentimento de soberba que só nos faz afastar do conhecimento verdadeiro. O filósofo Sócrates, o homem mais sábio de todos os homens, ao ser questionado pelo oráculo de Delfos respondeu apenas: "só sei que nada sei" e nós, professores, nos achamos a principal referência no assunto em sala de aula, passando a ser um ser dominante, usando de uma relação de dominação-subordinação e empurrando de maneira arbitrária conteúdos, muitas das vezes obsoletos ou sem cunhos científicos. Segundo (FREIRE, 1995, p. 35), ensinar exige "aceitação do novo e rejeição de qualquer forma de discriminação".

Temos que fazer valer as palavras de Guimarães Rosa quando ele nos fala que "Mestre não é quem sempre ensina, mas quem de repente aprende", o que é corroborado nas palavras de (LEÃO, 1977, p. 46) quando diz que o "professor é aquele que aprende ensinando", e para que isso ocorra, ele deverá tirar a máscara do senhor sabe-tudo e interagir com seus alunos aprendendo novos conceitos como *chat, blog, msn, orkut, you tube* etc. (ver anexo), termos que fazem parte do dicionário do aluno e não fazem parte do dicionário do professor.

Saber pensar

Segundo (DEMO, 2000, p. 17) as instituições educacionais não cultivam o saber pensar. Nesse ponto, o autor converge totalmente com (ALVES, 2000) quando afirma que não sabemos pensar. Para Alves não basta termos um país repleto de riquezas minerais como ferro, ouro, diamantes etc., para sermos um país de primeiro mundo. Essa ideia, segundo o autor, pode ser comparada com um indivíduo que tem uma casa de tintas. O fato de ter uma casa de tintas não faz dele um pintor. Para ser um pintor, precisa ter criatividade, imaginação, precisa sonhar e pensar.

O fato é que não sabemos ensinar nossos alunos a pensar, a ter ideias. A arte de pensar é que fez a grande diferença em países como Japão e Coréia, que mesmo pobres em recursos naturais, são exímios na arte de pensar.

O pensar é navegar pelo desconhecido. Se seguirmos a trilha que nos foi deixada, o máximo que acontecerá é que chegaremos aonde os outros chegaram. Pensar implica fazer novas trilhas e não trilhos, andar pelo ainda insondável, aprender com o desconhecido, é sonhar. Sonhar não se ensina, mas se incentiva fugindo a um saber sedimentado que, segundo (ALVES, 2000, p. 29) "nos poupa ao risco da aventura de pensar".

Para fazer os alunos pensarem, é preciso fugirmos do instrucionismo, pois com ele o aluno é condenado a um processo de domesticação subalterna que amputa de vez as asas da imaginação que permitem o voo dos pensamentos. Educar não é nada mais e nada menos que ensinar o aluno a pensar, a buscar o seu próprio conhecimento e a fazer suas próprias trilhas. Essa afirmativa é reforçada por (DEMO, 1997) quando diz que "precisamos levar o aluno a um questionamento sistemático, arrumar o ambiente reconstrutivo, sugestivo e atraente, motivando o aluno a um pensar bastante crítico".

Crises e conflitos: males necessários

Segundo (SCHORDERET, M; SCHORDERET, L., 1997) *apud* (PERRENOUD, 2000, p. 90) "é preciso abandonar imperativamente a ilusão dos discursos sobre a paz e a harmonia". Esta citação nos mostra como deve ser uma educação; ela deve nos formar e informar a ponto de nos fazer sentir incomodados com a situação em que nos encontramos.

Devemos observar que os conflitos e as crises sempre fizeram parte de nossas vidas e muitas das vezes nos projetam para tomadas de decisões para que aprendamos e consigamos pela autonomia sair de tal situação.

Uma pessoa ignorante ou adestrada, ou seja, não educada, passa a fazer parte de uma sociedade alienada, amorfa e submissa diante da situação. Segundo (FREIRE, 1996, p. 98), "a educação é uma forma de intervenção no mundo". O autor ainda nos diz que do ponto de vista dos interesses dominantes, a educação deverá ser imobilizadora e ocultadora de verdades.

A educação deverá nos libertar das amarras da ignorância e da manipulação e nos levar ao novo, sanando e erradicando o que nos incomoda, fazendo-nos inserir e intervir na realidade. Caso não possamos modificá-la de imediato, devemos ao menos reduzir os danos, pois a opressão é uma força esmagadora que nos aniquila, matando primeiro nossos sonhos e nos tornando seres manipuláveis e totalmente apáticos.

A educação deve ser a chave mestra para transformar a sociedade nos aspectos políticos, sociais e econômicos, fugindo conforme nos alerta (LUCKESI, 1994) ao otimismo ilusório e ao pessimismo imobilizador.

Aluno: cliente ou produto?

A ideia aqui proposta não está em exaurir por meio de um discurso evasivo um tema de tal relevância para a discussão e tampouco chegar a uma conclusão em relação ao aluno ser cliente ou um produto a ser trabalhado.

Tal tema foca as grandes divergências de profissionais da educação. Cabe aqui apenas alguns levantamentos para que possamos repensar sobre em que estão embasadas nossas ideias e planejamento.

O aluno é um cliente ou um produto que ao final de um processo será entregue para a sociedade?

Se analisarmos, um produto é concebido para satisfazer as necessidades de um cliente apresentando características definidas que o qualificam, conferindo-lhe propriedades. Então poderíamos dizer que o aluno é um produto a ser processado tendo como cliente os responsáveis por esse aluno.

Um cliente é a parte principal de uma empresa, visto que sem ele a empresa não existiria. Esse raciocínio leva a conclusão de que sem o aluno não haveria escola nem universidade. Mas nesse caso, o aluno não é tido como cliente, uma vez que ele é corresponsável pelo processo ensino-aprendizagem e faz parte do binômio professor x aluno.

Infelizmente, a ideia de o aluno ser cliente tem deturpado toda a educação, porque se analisarmos o conceito de cliente, poderemos ter várias classificações, o que ocasiona em atendimentos personalizados conforme o seu *status* que representa.

Quando uma escola, de maneira errônea tem o aluno como seu cliente principal, fará jus a um velho jargão da administração que diz que o cliente tem sempre razão, o que implica uma perda de identidade da escola, fazendo com que deixe de cumprir um dos seus papéis, que é a formação de um cidadão, pois ela irá priorizar "alunos" que tenham uma melhor projeção social.

Para outros educadores, o aluno nada mais é do que um produto, mas um produto artesanal e não industrializado. Isto é reforçado com um exemplo que mostra que a escola recebe os alunos e os trata como seres homogêneos, sendo de certa maneira behaviorista, esquecendo suas vivências, culturas e costumes chegando até mesmo a uma exclusão. Ele está mais para um produto artesanal, porque cada um tem sua individualidade que precisa ser trabalhada. Esse produto artesanal precisa passar por um processo, mas esse processo será o mesmo para os demais, pois cada um tem suas características, ansiedades, dificuldades. Mas no final de todo o processo, todos sairão aptos a realizar o que foi almejado pelos seus responsáveis (clientes). Isso não implica um controle mental que fará com que se sintam mais um tijolo no muro, como na música *The wall,* de Pink Floyd, pois implica um cidadão crítico e humanizado, produto de hoje e cliente de amanhã.

O verdadeiro tesouro

Existe uma história que podemos inserir em nosso contexto. Ela foi escrita por Malba Tahan[11] e se chama "O tesouro de Bresa". Esse tesouro foi enterrado por um gênio nas montanhas de Arbatol. O autor narra a vida de um humilde alfaiate da Babilônia que adquiriu um livro somente para encontrar o tão procurado tesouro. O problema é que para encontrar o tesouro, o alfaiate teria que aprender vários idiomas, cálculos dos simples aos mais complexos, deveria entender de filosofia, religião, além de outras ciências.

Nada disso foi empecilho para que o pobre alfaiate tentasse desvendar o segredo do tesouro. Mas, no momento em que o alfaiate se dispôs a aprender tudo que estava no livro, automaticamente começou a galgar sucessivamente outros postos de prestígio e não mais de um humilde alfaiate.

Ele então deixou de ser alfaiate e passou a ser tradutor da sala do trono, depois prefeito da cidade e primeiro-ministro do Reino da Babilônia.

---

[11] **Júlio César de Melo e Sousa** (Queluz-SP, 6 de maio de 1895 – Recife-PE, 18 de junho de 1974), mais conhecido pelo heterônimo de **Malba Tahan**, foi um escritor e matemático brasileiro. Por meio de seus romances, foi um dos maiores divulgadores da matemática no Brasil. **O homem que calculava** é a sua obra mais importante.

O alfaiate, através da maturidade que adquiriu com seus estudos e dedicação em desvendar o segredo, percebeu que o tesouro de Bresa era nada mais e nada menos do que o conhecimento, e que Arbatol era trabalho e dedicação, e foi através do conhecimento, trabalho e dedicação que conseguiu o seu próprio tesouro.

Foi na busca do tesouro que o alfaiate aprendeu e se transformou.

Jim Rohn[12] em seu axioma da vida nos diz que "para ter mais amanhã, você precisa ser mais hoje", o que é reforçado por (KANT *apud* BRANDÃO, 1993, p. 63), que diz que "o fim da educação é desenvolver em cada indivíduo toda a perfeição de que ele seja capaz", ou seja, o tesouro de Bresa fez com que o alfaiate se desenvolvesse e se transformasse transformando sua vida.

É exatamente isso que temos que desenvolver em nossos alunos. Temos que incentivá-los a encontrar o tesouro de Bresa, nos colocando como norteadores para a busca do conhecimento, da criticidade, pois como (HUNTER, 2004, p. 69) afirma em uma belíssima expressão: INTENÇÃO – AÇÃO = NADA, assim necessitamos agir o mais rápido possível para que tal tesouro possa ser encontrado por um maior número de pessoas e seja compartilhado de maneira que se multiplique cada vez mais através de uma contínua educação.

---

[12] Jim Rohn é pensador e palestrante americano.

Educação: asas de Ícaro?

Conta a lenda que Ícaro era filho de Dédalo, um dos homens mais criativos e de grandes habilidades em Atenas e o responsável pela construção do labirinto no qual aprisionava o Minotauro. Por levantar a ira de Minos ao ajudar sua filha Ariadne a fugir com Teseu, ele foi condenado a ficar no próprio labirinto que construiu junto com seu filho Ícaro, sendo que todas as saídas desse labirinto estavam vigiadas pelos guardas do rei.

Com sua criatividade, Dédalo projetou asas, juntando penas de aves de vários tamanhos, amarrando-as com fios e fixando-as com cera, para que não se descolassem. Foi moldando com as mãos, e com a ajuda de Ícaro, de forma que as asas se tornassem perfeitas como as das aves. Dédalo, antes mesmo de levantar voo, disse a Ícaro para que não voasse próximo do mar, por causa da umidade que faria as asas ficarem mais pesadas, nem próximo do Sol, pois o calor derreteria a cera. Ícaro ficou tão deslumbrado com a bela imagem do Sol e a sensação de liberdade e poder, que se sentiu atraído por ele e suas asas começaram rapidamente a derreter e logo caiu no mar Egeu.

A ideia aqui não é contar toda a lenda de Ícaro, mas falar que nós, como educadores, criamos asas de cera para nossos alunos poderem voar e muitos desses alunos, ao alçarem voo se arrebentam na realidade da vida. Ou pior, em vez de criarmos asas de cera, fazemos excisões em seu ser que refletirão negativamente por toda a vida, tanto que não são poucos os alunos que têm aversão a certos professores ou disciplinas a ponto de abandonar a escola e não voltar mais.

O problema de Ícaro foi se sentir como deus ao dominar o ar, mas se pensarmos bem, todos nós somos deuses ou nos tornaremos deuses, pois somos todos co-criadores e realizadores de nossas vidas e ações. Por isso, voemos ainda mais alto que Ícaro e façamos nossos alunos voarem também, mas não com asas de cera, mas com as asas da imaginação. Imaginação essa que nos faz criar, sonhar e ganhar asas robustas que sustentarão o peso de nossos sonhos.

Um galo sozinho não tece a manhã

"Um galo sozinho não tece uma manhã:
Ele precisará sempre de outros galos (...)
Que com muitos outros galos se cruzem
Os fios de sol de seus gritos de galo
Para que a manhã, desde uma teia tênue
Se vá tecendo, entre todos os galos".
[João Cabral de Melo Neto, in Tecendo a Manhã]

O individualismo é um dos principais problemas encontrados por nós, professores, ou seja, cada professor preocupa-se apenas com suas disciplinas e não com as necessidades de seus alunos e tampouco com a realidade do que está ensinando.

Com isso fazemos de nosso ensino um ensino bancário, tão comentado por (FREIRE, 1996, p. 27), o qual "deforma a necessária criatividade do educando e do educador", não auxiliando o aluno na produção ou criação do seu próprio conhecimento, fazendo dele uma presença no mundo com o mundo e com os outros.

É sabido que cada aluno traz em si sua cultura, suas experiências, e isso nos fornece uma permuta rica em aprendizagem e em crescimento como cidadão, pois assim evoluímos como ser e aprendemos a conviver com as diferenças sem excluí-las.

Para educarmos é necessário dar asas a nossos alunos, não as asas criadas por Dédalo, mas asas da imaginação que os façam ser eles mesmos, que não os inibam e sejam restritivas. Eles não são instrumentos, são seres como nós, com sonhos, fantasias e desejos.

A não domesticação do educando ocorrerá quando os restringimos, impondo uma estrutura balcanizada. Para (THURLER, 2001), esta estrutura é constituída de grupos separados que podem estar em conflitos ou até mesmo em competição e buscam priorizar suas autonomias fazendo valer seus pontos de vista.

Agimos, como professores, tentando mostrar ao aluno que a matéria lecionada é a mais importante para a sua vida e que as outras são apenas para preencher lacunas, mas esquecemos da transdisciplinaridade, da ética, do humanismo e de vários quesitos que serão a base para a construção de um cidadão com consciência crítica, apto a transformar sua realidade fugindo de qualquer forma de passividade e tutela.

Por isso devemos agir como galos, como escreve João Cabral de Melo Neto, tecendo a manhã com outros galos, isto é, professores trabalhando em parceria com outros professores, alunos e comunidade escolar para que façamos surgir uma manhã radiante e promissora.

Abrindo a caixa de Pandora

A percepção da educação não pode se limitar a uma caixa de Pandora. Ela deve exceder os horizontes, fazer florescer o ser crítico que existe em cada um incitando-o a buscar o que há de melhor em si e aplicar para o bem comum. Dessa forma contribuirá de uma maneira geral para o crescimento socioeconômico do país e para o seu crescimento intelectual, tornando o indivíduo cada vez mais um cidadão crítico, com pensamentos que ressaltem o seu humanismo e sua ética.

Para isso, devemos nos conscientizar que Nietzsche está certo em relação a não termos esperanças, e para isso precisamos dar um passo para a tomada de decisão correta.

Precisamos ser autores de nossas mudanças, personagens de nossa história e não espectadores à mercê de uma classe que nos subjuga arbitrariamente.

Faz-se necessário que nos unamos de forma horizontal, ou seja, professores, alunos, comunidades para podermos fazer a diferença e oferecermos o combustível propulsor para o crescimento do ser como cidadão. Necessitamos alimentar os sonhos e voar pelos campos da imaginação e da fantasia. Vamos à caça ao tesouro de Bresa.

Aproveitemos o dia! Em nosso dia-a-dia, aproveitemos as oportunidades que a vida nos oferece no momento em que elas se apresentam e não fiquemos nas esperanças, presos a uma caixa de Pandora vivendo e convivendo como iguais, apesar das diferenças, pois as diferenças nos permitem crescer como ser.

Considerações: um *Déjà – Vu* na educação

A educação é a principal chave mestra para o crescimento sustentável de uma sociedade e de seus cidadãos, alavancando por vez o crescimento socio-econômico de um país.

Alguns países acreditando na educação como principal causa de mudanças sustentáveis, resolveram investir e mudaram assim suas realidades de maneira positiva.

Na década de 60, Brasil e Coreia estiveram na mesma situação em relação à educação. Ambos eram países subdesenvolvidos e tinham um alto índice de analfabetismo o que chegava a 35% da população total. O mais interessante que nessa época o Brasil tinha uma vantagem em relação a Coreia, que havia passado por uma guerra civil que a dividiu ao meio, deixando um milhão de mortos e o resto da população na miséria.

A Coreia resolveu fazer uma reforma na educação, fazendo do ensino básico a sua prioridade. Ela investiu nas escolas públicas de ensino fundamental e médio, deixando a cargo da iniciativa privada a preocupação com as universidades. O fato é que logo depois que aplicaram a reforma da educação, a economia também começou a crescer em um ritmo de 9% ao ano.

A iniciativa privada investe nas pesquisas focadas aos mercados emergentes, fazendo com que as universidades ajudem a criar um conhecimento aplicado a uma necessidade, ou seja, um conhecimento útil.

O governo passou a acreditar nos profissionais da educação e passou a remunerá-los bem e oferecer um *status* perante a sociedade, o que não ocorre em nosso país, pois para o profissional da educação ter um salário digno, o mesmo deve trabalhar em várias escolas e longos turnos, ocorrendo consequentemente um estresse profissional, conhecido hoje como síndrome de *Burnout*.

O mais interessante é que não é apenas a Coreia o único país a acreditar na educação. Temos como outros exemplos a Irlanda, Espanha e também o Chile.

No caso da Irlanda, ela era considerada o país mais pobre do Continente Europeu o que acarretava em um grande êxodo. A Irlanda investiu tanto na educação que hoje 60% dos jovens chegam às universidades, sendo que na década de 60 o índice era de apenas 10%.

O investimento na educação feita pelo país acarretou em uma revolução no padrão de vida dos irlandeses. Hoje eles são mais ricos que os britânicos e a previsão é que muito em breve irão superar a renda *per capta* dos americanos. A Irlanda passou a ser conhecida hoje como Tigre Celta.

Ainda na Europa, não podemos deixar de falar da Espanha que é considerado o país mais educado do Continente Europeu. Enquanto antes apenas 5% chegavam às universidades, hoje 80% dos jovens estão estudando.

Esse crescimento foi devido a criação de uma lei que assegurou para a educação uma prioridade de investimentos, principalmente no período de crescimento econômico, logo o progresso econômico passou a acompanhar o crescimento da educação.

Obviamente não precisamos ir longe para buscar bons exemplos. Podemos analisar países vizinhos como aconteceu com o Chile. Os chilenos nos últimos 15 anos triplicaram o investimento na educação, e os professores passaram a ter salários mais dignos correspondendo a 140% acima da inflação.

O interessante é que o Chile não tem as mesmas riquezas que o Brasil, mas investe maciçamente na educação. Eles acabaram com as universidades públicas e direcionaram o dinheiro para o ensino fundamental e médio, melhorando a sua qualidade. Hoje 27% de seus jovens se encontram nas universidades. Existe uma lei nesse país que torna obrigatoriamente 12 anos de estudos gratuitos, sendo que 90% desses estudantes têm acesso a computador e 80% desses estão conectados a internet.

O Brasil tem feito justamente o contrário dos países que foram citados e a cada ano eleitoral acarreta mudanças na educação que não implica em evolução. Temos ainda 13% da população totalmente analfabeta, e dos alfabetizados, apenas 18% se encontram nas universidades.

Se o Brasil investir seriamente na educação e nos seus profissionais, não usá-la apenas como um degrau para ascensão política, teremos nada mais nada menos que um *déjà-vu*[13] em relação aos países citados. A educação não deve ser vista como um simples processo no qual se adquire conhecimentos úteis para uma adaptação e evolução dos educandos

---

[13] *Déjà-vu* trata-se do famoso já visto. É quando temos a nítida impressão de que vimos o que está acontecendo antes mesmo de acontecer.

em um contexto social e político. Ela é também um processo de desenvolvimento das capacidades tanto dos educandos quanto das sociedades nos quais estão inserido, fazendo-se valer dos seguintes quesitos que são: o respeito e a promoção dos direitos humanos, a luta para minimizar a miséria, uma equidade e melhor qualidade de vida para as pessoas, fortalecimento da democracia, uma promoção de um desenvolvimento sustentável para o educando e o respeito a diversidade cultural.

Com investimento na educação mudaremos a realidade do Brasil[14].

---

[14] Partes dessas informações foram extraídas de Trilha do Sucesso entre os dias 10/10/2005 a 13/10/2005 do site http://jornalnacional.globo.com/Jornalismo/JN/

ANEXO

MSN
O MSN é um comunicador que permite ao internauta conversar e interagir com qualquer pessoa em qualquer parte do mundo mediante o uso de uma *webcam* em tempo real, trocar mensagens de texto desde que o *software* esteja instalado na máquina. Caso não tenha uma *webcam*, o internauta pode também usar somente os microfones e conversar, como se fosse uma ligação telefônica, com a diferença de não ter que pagar interurbano. Além de ser um excelente comunicador, o MSN possibilita envio de arquivos, como fotos, músicas, documentos etc., e oferece *winks* e *emoticons* que darão um toque especial à conversa[15].

---

[15] Informação extraída do jornal Hoje em dia, Belo Horizonte, 08/01/07, caderno info.com.

You Tube

Esse *site* permite ao internauta assistir a filmes, clipes e vídeos enviados de várias partes do mundo. Totalmente gratuito, ele conta com mais de cem milhões de vídeos vistos diariamente. Tais vídeos são de várias naturezas como: humor, notícias, gafes de personagens famosos, clipes musicais, mensagens românticas dentre outros.

O *site* é atualizado pelos próprios internautas que fazem o *upload* de seus vídeos, apresenta cerca de 65 mil arquivos de vídeo com duração entre 2 e 5 minutos[16].

Blog

Blog é um diário *online* em que o internauta publica histórias, ideias e imagens. Muitos usam para contar coisas do dia-a-dia. Ele tem suas atualizações organizadas cronologicamente. Essas atualizações podem ou não pertencer ao mesmo gênero de escrita, referir-se ao mesmo assunto ou terem sido escritas pela mesma pessoa. A maioria dos *blogs* é de miscelâneas onde os *blogueiros* escrevem com total liberdade. Ele é conhecido também como diário virtual.

Chat

Um *chat*, que em português significa "conversação", é um neologismo para designar aplicações

---

[16] Informação extraída do jornal Hoje em dia, Belo Horizonte, 08/01/07, caderno info.com.

de conversação em tempo real. Esta definição inclui programas de IRC, conversação em *site* web (*webchat*) ou mensageiros instantâneos[17].

Upload
Upload é a transferência de arquivos de um cliente para um servidor. Caso ambos estejam em rede, pode-se usar um servidor de FTP, HTTP ou qualquer outro protocolo que permita a transferência.

Download
Download em português significa baixar, embora não tenha uma tradução exata. É a transferência de dados de um computador remoto para um computador local, o inverso de *upload*. Por vezes, é também chamado de *puxar* (e.g.: *puxar* o arquivo) ou *baixar* (e.g.: *baixar* o arquivo).

Orkut
O *Orkut* é uma rede social filiada ao Google, criada em 19 de janeiro de 2004 com o objetivo de ajudar seus membros a criar novas amizades e manter relacionamentos. Orkut é o nome do engenheiro que desenvolveu a ideia, Orkut Büyükkokten.

O *Orkut* é uma comunidade *online* que conecta pessoas através de uma rede de amigos confiáveis e proporciona um ponto de encontro em um ambiente

---
[17] Informações extraídas da Wikipédia, a enciclopédia livre.

de confraternização. É possível fazer novos amigos e conhecer pessoas que têm os mesmos interesses, além de trocar informações, em especial, de ordem acadêmica. Esse site é um dos preferidos dos jovens. Ele faz tanto sucesso em nosso país, que apesar de ser estrangeiro, 80% de seus participantes são brasileiros.

Syxt

Syxt é um *website* que conecta profissionais através de relações de confiança. É um *site* para o público mais adulto. Tem como principal objetivo fazer com que a vida profissional seja aprimorada pela aquisição de novos conhecimentos e informações, bem como pelo aumento da rede de relacionamentos. Tais atividades proporcionam também novos clientes, fornecedores e parceiros.

Esse *site*, ao contrário das opções de comunidade virtual na internet, é focado única e exclusivamente aos relacionamentos profissionais e de negócios. Ao se cadastrar o usuário informa a sua profissão e a empresa em que trabalha. Depois, pode optar por colocar seu histórico profissional.

A *Syxt* oferece *networking*, oportunidade de encontrar e contatar colegas de trabalho e área de atuação, discussão, artigos, notícias sobre sua profissão e áreas de interesse.

Browser

É um programa (navegador) que permite visualizar documentos na internet. Temos como exemplo os programas: Internet Explorer, Mozila, NetScape e muitos outros.

E-Mail

É o serviço mais utilizado da internet e por isso o mais popular. E-*mail*, ou correio eletrônico, é um método que permite compor, enviar e receber mensagens através de sistemas eletrônicos de comunicação. O termo e-*mail* é aplicado tanto aos sistemas que utilizam a internet e são baseados no protocolo SMTP, como naqueles sistemas conhecidos como intranet, que permitem a troca de mensagens dentro de uma empresa ou organização e são, normalmente, baseados em protocolos proprietários.

FTP

FTP significa File Transfer Protocol (Protocolo de Transferência de Arquivos), e é uma forma bastante rápida e versátil de transferir arquivos (também conhecidos como ficheiros), sendo uma das mais usadas na internet.

Pode referir-se tanto ao protocolo quanto ao programa que implementa este protocolo (neste caso, tradicionalmente aparece em letras minúsculas, por influência do programa de transferência de arquivos do Unix).

REFERÊNCIAS BIBLIOGRÁFICAS

ALMEIDA, M.E. **Informática e Formação de Professores**: Brasília: Ministério da Educação – MEC.

ALVES, Rubem. **A Alegria de Ensinar**. Campinas SP: Papirus, 2000.

ARANHA, Maria Lúcia de Arruda. **Filosofia da Educação.** 2ª ed. São Paulo: Moderna, 1996.

ARANHA, Maria Lúcia de A. **História da Educação.** 2ª ed. São Paulo: Moderna, 2000 (pp. 194 – 233).

BOMENY, Helena. **Os intelectuais na Educação**. Rio de Janeiro: Jorge Zahar, 2001.

BRANDÃO, Carlos Rodrigues. **O Que é Educação**. 26ª ed. São Paulo: Brasiliense, 1993. 116 p. (Primeiros Passos, v. 20).

BRITO, Gisele Ferreira de; VERGUEIRO, Waldomiro. **As learning organizations e Os profissionais da informação**. Perspect. Cienc. Inf., Belo Horizonte, v. 6, nº 2, pp. 249-260, jul./dez.

BRONOWSKI, Jacob. **As Origens do Conhecimento e da Imaginação**. Brasília: UnB, 1997.

BURKE, James e ORNSTEIN, Robert. **O Presente do Fazedor de Machados** – Os dois gumes da história da cultura humana. Rio de Janeiro: Bertrand Brasil, 1998, 350 p.

BUSTANTE, Javier, **La Integración de Ciencia, tecnología y sociedad: El Grande Reto de la Educación del Siglo XXI**, Crítica, pp. 19-23, Julio-agosto, 1997.

Ciência & Vida – Filosofia. A Origem das Superstições. Ano I, nº 05.

CECÍLIA, Andrea. **Internet e Educação**. In Rio Referência: Ramal de Janeiro: Revista guia da Internet. Br, Ediouro, nº 12, 1997.

CHAUÍ, Marilena. **Escritos Sobre a Universidade**. São Paulo: UNESP, 2001.

COLEMAN. Daniel. **Inteligência Emocional:** Teoria revolucionária que redefine o que é ser inteligente. 66ª ed. Rio de Janeiro: Objetiva, 1995.

CORAZZA, Sandra Mara. **Para uma Filosofia do Inferno na Educação:** Nietzsche, Deleuze e outros malditos afins. Belo Horizonte – MG: Autêntica, 2002.

CORTELLA, M.S. **A falta que ela nos faz: Direito à escola deve movimentar todos os que tenham** um pouco de decência política. **Em pauta** – Revista Educação, São Paulo, nº 239, p. 57, 2001.

DAYRELL, Juarez: **Múltiplos olhares sobre Educação e Cultura**. BH, UFMG, 1996.

DELEUZE, Gilles. **Foucault**. Tradução de Claudia Sant'Anna Martins. São Paulo: Brasiliense, 1986, (pp. 1-136).

DELORS, Jacques. **Educação: Um Tesouro a Descobrir**. 6ª ed. São Paulo: Cortez; Brasília, DF: MEC: UNESCO, 2001, "Relatório para UNESCO da Comissão Internacional Sobre Educação para o Século XXI", pp. 1 a 117.

DEMO, Pedro. **Saber Pensar**. São Paulo: Cortez: Instituto Paulo Freire, 2000 – (Guia da Escola Cidadã; v. 6).

_____. **Professor e compromisso com a Aprendizagem na nova LDB**. Ensaio – Avaliação e Políticas públicas em educação. Rio de Janeiro, v. 5 nº 16, pp. 279-298, jul/set 1997.

_____. **Questões para Teleducação**. Petrópolis, RJ: Vozes, 1998.

FERRETI, Celso João *et al.* (org.). **Novas Tecnologias, Trabalho e Educação: Um Debate Multidisciplinar**. 5ª ed. Petrópolis, RJ: Vozes, 1994.

FOUCAULT, MICHEL. **Microfísica do Poder**. Tradução de Roberto Machado. Rio de Janeiro: Edições Graal, 1979.

FREIRE, Paulo. **Educação e Mudança**. Rio de Janeiro: Paz e Terra, 1979.

_____. **Educação como Prática da Liberdade**. 27ª ed. Rio de Janeiro: Paz e Terra, 2003.

_____. **Pedagogia da Autonomia – Saberes Necessários à Prática Educativa**. São Paulo: Paz e Terra, 1996.

GADOTTI, Moacir. **História das Ideias Pedagógicas**. 8ª ed. São Paulo: Ática, 2004.

GENTILI, Pablo. **Universidades na Penumbra: Neoliberalismo e Reestruturação Universitária**. São Paulo: Cortez, 2001.

GRISPUN, Miriam. P.S.Z. (org). **Educação e Tecnologia, Desafios e Perspectivas**, São Paulo: Cortez, 1999.

HENGEMÜHLE, Adelar. **Gestão do ensino e práticas pedagógicas**. 2ª ed. Petrópolis, RJ: Vozes, 2004.

HERNÁNDEZ, Fernando. **Transgressão e Mudança na Educação:** Os projetos de trabalho. Porto Alegre: Artmed, 1998.

HUNTER, James C. **O monge e o executivo**. 7ª ed. Rio de Janeiro: Sextante 2004.

KELLY, Celso Otávio do Prado. **Escola nova para um tempo novo**. Rio de Janeiro, J. Olympio, 1973.

KOCK, N. **Process Improvement and Organizational Learning: the role of collaboration technologies, ershey**: Idea Group Publishing, 1999.

KOLB, David. A. **A Gestão e o processo de aprendizagem** *in* STARKEY, Ken, **Como as Organizações Aprendem:** Relatos do sucesso das grandes empresas. São Paulo: Futura, 1997 (pp. 300-390).

LACOMBE, Mariana G. M. **Um galo sozinho não tece a manhã**: primeiros passos de uma gestão transdisciplinar. Momento do Professor: revista de educação continuada, São Paulo, ano 2, nº 2, pp. 49-55, outono de 2005.

LEÃO, E. C. **Aprendendo a pensar**. 5ª ed. Petrópolis, RJ. Vozes, 1977.

MARCUSE, Herbert. **Cultura e Sociedade**. Rio de Janeiro: Paz e Terra, 1997.

LOPES, Eliana Marta Teixeira (org.) **A psicanálise escuta a educação**. Belo Horizonte: Autêntica, 1998.

LUCKESI, Cipriano Carlos. **Filosofia da Educação**. São Paulo: Cortez, 1994.

MASETTO, Marcos T., MORAN, José M., BEHRENS, Marilda A. **Novas Tecnologias e Mediação Pedagógicas**, Campinas S P: Papirus, 2001.

MASI, Domenico de. **O Futuro do Trabalho**: Fadiga e ócio na Sociedade Pós-Industrial. 8ª ed. Rio de Janeiro: José Olympio, 2003.

MORAIS, Régis de (org.). **Sala de Aula:** Que Espaço é Esse? 3ª ed., Campinas, SP, Papirus, 1988.

NAVASKI, Augusto João Crema. **Sala de Aula:** Que Espaço é Esse? 3ª ed., Campinas, SP, Papirus, 1988. pp. 11-15.

NIETZSCHE, Friedrich. **Humano, demasiado humano: Un libro para espíritus libres**. Marcelina-Madrid: A. L. Mateos, S.A. 1993.

NIETZSCHE, Friedrich Wilhelm. **Nietzsche:** Os Pensadores. São Paulo: Abril Cultural, 1983.

PERRENOUD, Philippe. **Dez novas competências para ensinar**. Porto Alegre: Artes Médicas Sul. 2000.

PONCE, Aníbal. **Educação e luta de classes.** 21ª ed. São Paulo, Cortez, 2005.

PITOMBO, Maria Isabel Moraes. **Conhecimento, valor e educação em John Dewey**. São Paulo: Pioneira, 1974.

RANGEL-BETTI, Irene C. **Reflexões a respeito da utilização do Esporte como meio educativo na Educação Física escolar**. In: *Revista Kinesis*. Santa Maria: nº 15, 1997, pp. 37-43.

SETZER, Valdemar W. **Uma revisão de argumentos em favor do uso de computadores na educação elementar.** Artigo disponível on-line http://www.ime.usp.br/~vwsetzer. 30/10/2000.

TIBA, Içami. **Disciplina, limite na medida certa.** 42ª ed. São Paulo: Editora Gente, 1996.

TOMAZI, Nelson Dacio. **Sociologia da Educação**. São Paulo: Atual, 1997.

TOMELIN, Honório (org). **Educação: Gestão do conhecimento e da aprendizagem**. Belo Horizonte, UMA Editoria 2001.

THURLER, Monica Gather. **Inovar no interior da escola**. Porto Alegre: Artmed, 2001.

VALENTE, J.A. **Computadores e Conhecimento: Repensando a Educação,** Campinas: Gráfica da UNICAMP, 1997.

VARGAS, Milton. **Para uma Filosofia da Tecnologia**, São Paulo: Alfa-Ômega, 1994.

Sites Visitados:

http://www.filosofiavirtual.pro.br/genealogico-nietzsche.htm

INPE – Instituto Nacional de Estudos e Pesquisas Educacionais Anísio Teixeira. http://www.inep.gov.br/estatisticas/analfabetismo/ visitado em 13/12/2006

http://www.sfiec.org.br/artigos/educacao/pactoeducacaotrabalhadores.html

http://pt.wikipedia.org

http://www.geocities.com/Athens/4539/nietz/deusestamorto.htm. Visitado em 07/03/2005